大家小小书
篆刻　程方平

中国历史小丛书

新编历史小丛书

新编历史小丛书·人物

顾恺之

张安治 著

北京出版集团
文津出版社
贵州出版集团
贵州人民出版社

目　录

一、顾恺之的生平 …………………… 001
二、被称为“三绝”的艺术家……… 006
三、青年时代的壁画创作 …………… 019
四、顾恺之关于人物画的理论……… 025
五、现存的几件作品………………… 035
六、对山水画的重要贡献 …………… 059

一、顾恺之的生平

顾恺之是东晋时期一位杰出的画家。他在绘画创作和理论两方面都有突出的贡献，在当时和后世都受到人们的重视和高度评价。并且很幸运，经过一千六百多年漫长的岁月，还能够保留下来几件作品[1]，可以供我们欣赏研究，帮助我们更具体地了解他的艺术成就和当时绘画的特征。

顾恺之生活的年代大约在东晋永和元年至义熙五年（约345—409）。他活到六十四岁，是江苏无锡人。他的父亲顾悦之，先做扬州别驾，后来任尚书左丞[②]，官职不小。顾恺之生长在这样的家庭，少年时代就有机会受到较充分的教育，具备了文学、艺术的基础修养。兴宁元年（363），一个很有权势的人物——桓温，做了大司马兼扬州牧[③]；他任用顾恺之做他的大司马参军[④]。年轻的顾恺之的才华很受这一位大官僚的赏识，有时还和他在一起谈论书画。

顾恺之在桓温部下的时候，曾跟随桓温到过长江中游的荆州一带，也可能就在这一时期到过四川和湖南，因为他写的《画云台山记》的云台山就在四川，他还写过《湘中赋》和《湘川赋》。江浙一带风景优美的地区像会稽[5]、天台[6]他都游览过，并且写了描绘这些地区风景的文章，但是这些文章都没有保存下来，现在只能从一部分文献资料中看到一些片段。他游览这些地区的时期，虽已无法确定，但是他从亲身游历中丰富了对大自然的感受，扩大了眼界，充实了热爱祖国的情感，这对他的艺术成就具有巨大的影响，是可以肯定的。

太元十七年（392）以后，他又做了荆州刺史殷仲堪的参军；为殷仲堪画过肖像。这时顾恺之五十岁左右。但在桓温死后到任殷仲堪参军以前这一段时间，关于他的具体活动的资料很少。隆安三年（399）殷仲堪被杀，逼杀殷仲堪的是桓温的儿子桓玄。顾恺之和桓玄也有往还，大约这时他还在荆州。元兴三年（404）桓玄死后，他才回到扬州。大约在义熙元年（405），被任为散骑常侍[7]。这时他已年过六十。据文献记载，他有时还在月夜作诗，一直到天亮。由此可以想见他对文艺创作的高度热情。

关于顾恺之生平活动的史料是相当贫乏的。有一些比较重要的艺术活动，后面再详细介绍。还有不少事迹或传说能够说明他的艺术修养，帮助我们了解他的思想和性格。

注释：

①大多是摹本。

②别驾，是刺史（州的行政长官）

的辅佐官吏。尚书左丞，是中央政权的高级行政官。

③大司马，是管全国军事的大臣。扬州牧，是扬州的最高行政官。

④参军，是参谋一类的官佐。

⑤会稽，山名，在今浙江省绍兴市北部平原南部。春秋时，越王勾践被吴国打败后，曾住在此山上。山上至今还有越王台。

⑥天台，山名，在今浙江省天台县北。

⑦散骑常侍，是管规谏、表诏的官，职位比较高，但没有什么实际的权力。

二、被称为“三绝”的艺术家

顾恺之在青年时代就博学有才气，诗、文、书、画都很精通。他性情坦率，很自负，又富有幽默感。因此在当时被人称誉有“三绝”——才绝、画绝、痴绝。

所谓“绝”就是到了顶点的意思。现在看来，他的主要成就是在绘画方面；但我们也不妨先谈谈他的“才”和“痴”。

顾恺之的“才”，不但表现在绘

画方面，也表现在文学和书法方面，同时他还有极好的口才。

明代著名的书画家兼鉴赏家董其昌，鉴定后认为《女史箴图》上面所写的《女史箴》也是顾恺之的手笔，其笔迹很像晋代大书家王献之写的《洛神十三行》[1]，可见顾恺之在书法方面有很深的造诣。他还著有评论书法的《书赞》，可惜已经失传。在文学方面，顾恺之写过不少赋[2]，像《雷电赋》《观涛赋》《冰赋》《筝赋》《凤赋》等，也写过不少诗、传记和游记一类的文章。这些诗文大多也已散失，但我们从一鳞半爪中，仍可以看出他在文学创作方面表现出的极为丰富的想象力，他很长于描写优美的风景和运用生动的比喻。例如他的《四时诗》：“春水满四泽，夏云多奇峰。秋月扬明辉，冬岭秀孤松。”把这四句诗译成现在的口语就是：春水充满了江河湖泊，夏天的云彩好像许多奇异的山峰，秋月发射出皎洁明亮的光辉，冬日的山岭上挺立着孤傲的青松。原诗一共只有二十个字，却能够很形象地表现出大自然在不同季节的美和特征。

当他游会稽归来，有人问他那儿的山水是怎样的美。他回答说：“千岩竞秀，万壑争流；草木蒙茏其上，若云兴霞蔚。”这几句话的大意是：千座山岭互相比赛着秀丽，万条溪水争相奔流；草木覆盖在这些山川上，远远望去好像白云兴起，彩霞缤纷。这寥寥几句话生动地描绘出会稽山水的奇秀和丰美。

当他和桓温一起在江陵（今湖北省荆州市）的时候，桓温用人民的血汗造了不少华丽的建筑物。有一次，桓温带着他手下的许多官僚和宾客到了江津（在江陵县南）。江津和江陵城已有相当的距离。他对随从的人们说，谁能看到江陵城就有赏赐。当时顾恺之一面眺望一面说："遥望层城，丹楼如霞。"意思是从远处可以看到很高的城垣，朱红的城楼好像彩霞一样。桓温听了很高兴。这个小故事不仅说明顾恺之的视力很好，恐怕更多的是由于他的才智和艺术家的丰富想象。

桓温死后，顾恺之在桓温的墓前

哭得很伤心，回来后有人问他："你哭成什么样子，可以让我们知道吗？"他回答说："声如震雷破山，泪如倾河注海（哭声像震破山的响雷，眼泪像倾注到大海里去的河水）。"这也说明他很善于运用形象的比喻，并且善于运用大胆夸张的艺术手法。

他在殷仲堪部下的时候，想给殷画像。可是殷仲堪的眼睛有毛病，恐怕画出像来不好看，殷就坚决地推辞。顾恺之坦率地对他说："你不愿意画像一定是为了眼睛的缘故。如果画的时候，像画好眼睛一样把瞳仁画得很清楚，再用带墨很少的干笔在上面轻轻扫过，使眼睛就像被遮掩在薄云后面的月亮，岂不是很美吗？"这一番话说得很巧妙，既说破了殷仲堪的心事，更用优美的比喻，让殷仲堪相信，只要有高明的艺术手法，是可以把缺陷也表现得很美的。这一件事也充分显示了顾恺之的机智和口才。

说顾恺之“痴绝”，并不是说他真像傻瓜，而是由于他很直率和幽默，对自己的才能很自负，但也能欣赏别人。具有这种性格的人生活在长期被封建礼教所束缚的社会里，自然会显得与众不同，由此就有人用“痴”来形容他。不过把“痴绝”和“才绝”“画绝”放在一起，可见人们还是欣赏他的“痴”，认为这一种“痴”有它纯真可爱的地方。

以下几个传说是和他的“痴”有

联系的。有一次，顾恺之给人家画扇面，画了嵇康、阮籍[3]的像，但都没有画眼珠，就把扇子送给人家。扇子的主人就问他："为什么不画眼珠呢？"他回答说："怎么能点眼珠？点了就要说话，变成活人。"另一次，顾恺之把一橱柜的画寄存在当时的大官僚桓玄那里，这些画都是他自己最得意、最珍惜的作品，因此在橱柜上贴了封条，题上字。可是桓玄揭开封条把画都拿走，再把封条贴好。等到顾恺之自己打开橱柜时，看到封条仍在，画却一张也没有了，他坦率地说："由于我的画太好了，能够通灵，所以变化而去，正和人成了仙一样。"这两个传说可能已经被后人夸大了，不过我们可以从中看到，顾恺之多么看重自己的绘画艺术，乃至以为自己的画可以“通灵”。同时也可以说明他怎样重视表现人物的精神和性格。

顾恺之在晚年做散骑常侍的时候，和谢瞻（当时有才华的诗人，传说他六岁就能作文）一同值夜班，两个人相约在月下作长诗，都不睡觉。起初谢瞻隔一会儿就称赞顾恺之几句，顾恺之很高兴，告诉谢瞻自己在用功的时候就忘记了疲倦。到了深夜，谢瞻想睡觉了，就叫人代替自己，还照样隔一会儿就称赞顾恺之几句；顾恺之因为专心作诗，始终没有发觉，坚持作诗直到天亮。这个故事一般人会认为顾恺之有点傻，实际上却说明了顾恺之在创作的时候就忘却一切的专心致志的精神。

顾恺之的这些“痴”的表现，现在看起来有的并不是真痴，而正好说明他对艺术创作的热忱和专心。

他的“画绝”的确更为重要，在后面几节里要详谈，这儿先概括地介绍一下：他在绘画创作方面也是多面手，当时流行的宗教画、肖像画、历史故事画和以文学作品的内容为题材的绘画，他都很擅长。他也能画动物，像龙、虎、狮、豹、鹰、雁等。山水画在当时还处在萌芽阶段，可是从《画云台山记》可以想象他在这方面已有显著成就。他在绘画创作中很重视构思，以表现人物性格和神气。他既继承了汉代绘画的优秀传统和民间画工的丰富经验，也吸收了随着佛教艺术传入中国的一些外来技法，并且创造了新技法，树立了独特风格。

在绘画理论方面，他留下三篇著作：《论画》《魏晋胜流画赞》[④]和《画云台山记》。因为年代久远，传抄多有错误，所以文章里面有不少地方较难理解。尽管这样，还是很值得注意，因为它们是我国最早的、比较全面的绘画理论。

在《论画》和《魏晋胜流画赞》这两篇中，谈到许多绘画的道理和创作肖像画的方法、要求。例如说：画人最难，其次是山水，再次是狗、马，至于台榭等建筑物是比较固定的东西，虽然画起来比较费事，却容易画得好，因为不需要想象和深入的感受。又谈到对着真人画像的重要意义，他说：画像如果不对着真人就会有大错，对着真人而画得不正确也会发生小毛病。要想一幅画像画得好，只有对着真人很好地体会他的精神状态，传达出他的神情，使自己的画笔能够“通神”才行。他在文章里评论了许多前人的作品，其中大多是肖像画。顾恺之评论的重点首先是对于人物神情、性格的刻画；至于构思、布局的巧妙，形象比例的正确和笔力等其他绘画艺术的要素，也都全面涉及。

《画云台山记》是一篇作画以前的设计方案。在这篇画记里，他不但把山水的形势和人物的动态说得很具体、很细致，并且提出对意境[5]的明确要求和构图紧凑的办法，也注意到远近关系，山的向背阴阳，以及画云霞、倒影和染色的要求，可以说包括了山水画技法的各个方面。这是山水画技法理论的先驱。

在绘画理论方面，正和他的绘画创作一样，既综合了前人的经验，又体现了当时的文艺思潮，对以后中国画和绘画理论的发展有很大的影响。

注释：

①晋代大书家王献之写的《洛神赋》，是一部最能代表晋人小楷书法的法帖，因为现在仅存十三行，所以书法家相沿称作《洛神十三行》。

②赋，是一种有韵并多用对句的文

学体裁，在汉代和魏、晋时代很流行。

③嵇康、阮籍是三国时魏国的著名文学家。

④就现存的文字推测，《魏晋胜流画赞》这篇文章应当是顾恺之对魏晋时期著名画家的作品的论赞。

⑤这里是指绘画作品所表现的境界和气氛。

三、青年时代的壁画创作

在东晋兴宁二年（364），有个叫慧力的和尚在建康（东晋首都，现在的南京）向各方面人士募集款项，发起建造一所瓦棺寺。一般官僚学士的捐款没有超过十万钱的，但捐到顾恺之的时候，他在缘簿上写了一百万钱。当时顾恺之的年龄不过二十岁左右，很难一下拿出这样多的钱；许多人都认为他不过是空口说大话，不可能兑现。过了一些时候，和尚带着将信将疑的态度来向顾恺之索取捐款，顾恺之对他说：“请你们在新建的庙里预备好一面墙壁，供我画壁画，画好了再说。”和尚们照办了，顾恺之就在庙里住了一个多月，和外面断绝来往，专心地画一幅壁画《维摩诘像》[①]。在将近完工，准备最后点眼珠的时候，他对和尚说：“从明天起可以请人来看壁画，第一天来看的请他们捐十万钱，第二天可以捐五万，第三天以后就随便捐一些。”许多人听到这消息，就赶来看壁画。殿门一开，《维摩诘像》光彩焕发，使庙宇显得更加庄严。壁画很生动地表现了维摩诘清瘦得好像有病的面容，扶着小几沉思的神态，给观众很深的感染。捐款的人非常踊跃，很快就超过了一百万钱。

这幅壁画到唐代还存在。伟大的诗人杜甫在他的《送许八归江宁》这首诗里有这样两句：“虎头金粟影，神妙独难忘。”虎头是顾恺之的小名，维摩诘又号金粟如来，就是说顾恺之画的维摩诘像，非常神妙，令人难忘。从这位大诗人的称赞可以想见这幅画的生动和完美。到了唐朝会昌五年（845），唐武宗下令毁天下寺塔[②]，宰相李德裕设法把这幅壁画移到镇江的甘露寺。几年以后，又被辗转取入宫廷，就没有再和群众见面的机会了。

根据宋代人的记载，唐代另一位诗人杜牧，在他经过瓦棺寺的时候，看到庙宇已有倒塌的危险，就找人把《维摩诘像》临摹了好些张，并分送给爱好绘画的朋友。有人就把它刻在石碑上，以便于保存、留传。到宋代还可以看到有关的摹本，又有人把它重新刻石，并有资料谈到这幅画上人物的服装用具，都是晋代的风尚。可见顾恺之所画的虽是来自印度的佛教故事，却已经把它中国化。这应当也是这幅画受到当时群众热烈赞赏的原因之一。

这些故事说明顾恺之在青年时代就已经表现出高超的艺术才能，并富有创造精神，能把外来的题材内容民族化。同时也说明了这幅画受到后世很多人的重视和爱护。可惜到今天连比较有根据的摹本或石刻拓片也已经看不到了[3]。

注释：

①维摩诘是佛教经典中一位有道行的居士，曾和文殊菩萨辩论佛教教义。这是六朝到隋唐时期的绘画、雕刻中经常采用的一个题材。

②只在东京洛阳、西京长安各留下两三所未毁。

③宋代大画家李公麟曾学习临摹过顾恺之的遗作，从他画的《维摩诘像》中还可以间接探寻到一些顾恺之原画的风貌。现在曲阜孔庙还保存有相传是顾恺之画的《孔子像》的宋代石刻。又世

传宋刻《列女传》有顾恺之画的插图。这些都可以说明顾恺之人物画被后世所珍视、保存留传的情况。

四、顾恺之关于人物画的理论

我国的绘画，从战国以来就是以描写人物为主的。经过两汉、三国以至六朝，不仅在人物画创作上，有像顾恺之这样被誉为“苍生以来所无”的大画家出现，就是在人物画的理论方面，顾恺之也总结了从战国以来的丰富经验，并且提出了很好的见解。

顾恺之画的《维摩诘像》之所以很成功，主要是因为他在画面上真实生动地表现了维摩诘性格的特征和沉思的神态。据说他画的人物有时各部分都画好了，就留下眼珠没有画，一搁几年。有人问他这是什么缘故，他回答说："人身体的其他部分画得美一些或丑一些都不十分要紧；要能够传达人的精神面貌，真正画得很像，关键全在这眼珠上。"

他很喜欢嵇康所作的四言诗，并拿它作为自己绘画的题材。他常对人说："画四言诗里面的'手挥五弦'这一句还比较容易，画'目送飞鸿'这一句就更难。"我们体会他的意思，是说明画手的动作较易，通过眼神来表现一定的思想感情较难。

把这些传说和前面提到的故事中

有关画眼睛的情节联系起来看，就可以了解他最后才画眼珠，或留着眼珠不画，一搁几年，乃至干脆不画眼珠就把画送给人家，都是因为眼珠是传神的关键，一定要慎重下笔，在没有把握时宁可不画。表面看来好像只是特别重视眼睛的描绘，而实际上他是借眼睛的描绘，来更好地表达人物的神情。

顾恺之画人物也不是除了眼睛以外别的部分就不注意。有一次，他为一位当时的著名人物裴楷画像。裴楷的面颊上长着三根毫毛，别人为他画像，可能只想到要把他画得漂亮一些，对这三根毫毛或是不画，或是小心翼翼地如实描绘。顾恺之却不是这样，他把这三根毫毛用很爽利的笔法画得很突出，因此观者都感到裴楷的面貌特征刻画得很鲜明，也帮助表现了裴楷的神气和性格。

又有一次他画比他稍早的名流谢鲲的肖像，却用岩石、丘壑做背景，这是为了要突出地衬托出谢鲲的性格。所以有人问他为什么要这样画的时候，他就回答说：“因为谢鲲在回答晋明帝司马绍的问话时曾说过：‘我做官虽不如庾亮[1]合适，但是在过自然的生活、品格清高这一方面，自己却觉得可以超过他。’所以给谢鲲画像应当把他放在岩壑当中。”他评前人画的《醉客》时说：“画醉鬼的像，人要画得极瘦，只剩下骨架；在这样瘦削的醉鬼身上再披上宽大的衣服，就好像用布幔盖着似的，这就会更显出醉态的可笑，衬托出醉鬼的神情。”可见他不仅通过人物形象本身的特点来表达神气、性格，并且也利用服饰、背景来加强这种性格的表现。

他在理论上不管是谈画像技法或评论前人的作品，都把神气、性格的表现放在第一位。例如他评前人画的《小列女》说：“面如恨，刻削为容仪，不尽生气。”意思是这些列女像的面部有“恨”的表情，容貌刻画得很细致，可是“生气”表现得不够。评《壮士》说：“有奔腾大势，恨不尽激扬之态。”意思是大的动态是有了，可惜表现内在的激昂情绪还不够。评《列士》说："……恨急烈不似英贤之慨。"意思是虽画出了刚强的特点，可惜还不能吻合英雄人物的气质、风度。从这些评论中，可以看出顾恺之对于刻画人物精神状态的要求是很严格的。

要达到这样的要求并不容易。从他的理论中我们体会到要做几方面的努力：首先是用心研究对象，所以顾恺之很重视"实对"，他说"空其实对则大失"，就是说如果没有对着真人研究过，就会差得很多。同时对准确性的要求也应当严格。他既而说"对而不正则小失"，就是说如果对着真人画得不正确还会有小毛病。他更指出："有一毫小失，则神气与之俱变矣！”就是说只要有些微的差错，神气的表现就会完全不同。

但是仅仅对着真人观察和画得准确还不够，他要求“悟对通神”，特别重要是“悟”字，就是要深入体会、领悟对象的精神状态。因此就不仅要观察，还要体会想象。他在评论前人画的伏羲、神农的一节中提到“居然有一得之想”，说明画家只有对人物的思想、性格做了深入的体会理解，才能发挥想象力而得到可贵的收获。所以他在谈到画人难易的时候，就强调提出“迁想妙得”②。他以为这是画人比画其他题材更难的地方，也说明了画人物必须要把丰富的想象和敏锐的观察结合起来，才能够把人物的精神状态表现得准确而微妙。

同时顾恺之还提出“以形写神”的主张。他认为“神”不能不借适当而准确的“形”来表现，一定的“形”必然寄寓着一定的“神”。也就是说，人物的神气必须通过外形表现出来，外形里面必须寄寓着人物的神气，只有这样，才能把人物画得生动，并且使人感到真实。

他的“以形写神”和观察与想象并重的理论，继承了东晋以前我国人物画③重视表现神气、动态的传统经验，却又进一步把它提到更突出的地位，作为人物画的首要条件，并说得更明确，也相当全面，为我国以后绘画理论的发展做出了重要的贡献。

他的创作实践也能够体现他的理论要求。唐代的《历代名画记》一书中引张怀瓘的说法，把他和另两位六朝时代的人物画家张僧繇、陆探微放在一起评论说："像人之妙，张得其肉，陆得其骨，顾得其神；神妙无方，以顾为最。"因为张僧繇长于表现阴阳、体积感，陆探微的笔法很矫健有力，顾恺之最善于刻画千变万化的微妙的精神状态。这样的比喻，是很能够说明他们的艺术成就和不同的风格特色的。

注释：

①庾亮，字元规，晋朝人，晋明帝时，曾任中书监（管理国家机要事务的官员）。

②很好地观察想要描写的人物后，经过自己的综合分析，抓住这个人物的特点，就是所谓“迁想”；把人物的精神相貌表现得既像且妙，就是所谓“妙得”。

③主要是民间画工的创作。

五、现存的几件作品

由于顾恺之的人物画生动传神，所以历代都对他的作品珍视宝藏。他虽然生活在一千五百多年前的东晋，但他的作品，如《女史箴图》《洛神赋图》《列女仁智图》等画卷，还都有摹本留传到现在，供我们欣赏学习，这是很值得庆幸的。现在就把他现存的几件作品介绍如下：

《女史箴图》之一：梳妆照镜的妇女
（根据原画照片摹写）

《女史箴图》之二：冯媛当熊（同前）

《列女仁智图》之一：许穆夫人的母亲与卫懿公

《列女仁智图》之二：深谋远虑的漆室女

《洛神赋图》之一：美丽的洛神在水面凌波回顾

《洛神赋图》之二：曹植和洛神在一起，
互相赠送礼物和畅叙衷情

《洛神赋图》之三：风神屏翳在收风，
水神川后在使波浪平静，冯夷在打鼓

《洛神赋图》之四：曹植回家，
一路上还是回头怅望着洛水

《女史箴图》是最接近于顾恺之原作的一幅画，可惜在1900年八国联军攻陷北京的时候，被英帝国主义者劫去，现藏伦敦大英博物馆。画的内容根据晋初张华所作的《女史箴》这一篇文章所创作。文章的主题是教育宫廷妇女的一些封建道德箴诫，里面也列举了一些历史人物做例子，如春秋时期楚庄王的夫人樊姬，为了劝庄王不要去打猎，自己坚持三年不吃肉。汉元帝时的冯媛，有一次随从元帝去看熊，有一只熊逃出圈外，冯媛勇敢地跑到前面，对着熊站着，掩护着汉元帝。汉成帝时的班婕好，劝成帝多接近大臣，做好皇帝，因而拒绝和他同辇游玩等。这一卷画完全根据文章的内容逐段描绘，把文章也分段写在每段画的前边。这画现存九段，前面还缺少了几段。从画的主题思想看，可以说是继承了汉代绘画宣传封建礼教、为封建政治服务这一传统。根据文学作品的内容，图文配合，采用长卷形式，在当时也是一种从汉画题字和图画配合的基础上新发展起来的表现方式。

画面各类人物的动态神情各有特征，确切地表现了各人的身份和性格；像抬辇的一群人身躯比较健壮，神情紧张；挡熊的冯媛，挺身直立，张大眼睛看着熊，显得很勇敢；特别是一些正在梳妆或行动中的妇女形象，衣带飘动，姿态端庄，表现了封建贵族妇女的典型风范。从图中可以看到顾恺之对人物安排、空间关系的处理，已经不像汉画那样平行排列，比如画夫妇并坐，同时表现了婴儿、妾妇等许多人物，前边的人物都画得较大，后边的都画得较小。笔法是一种细挺而又柔秀的铁线描，不仅具有疏密、长短的变化，更互相结合得很紧凑、很自然，表现了丰富的韵律感，显示了独创的风格和人物的典型性格十分协调。后世的评论家说他的用笔“紧劲联绵”，或是说“如春云浮空，流水行地”“如春蚕吐丝”等。从《女史箴图》里的确可以体会到这种笔法特征，并且可以看到顾恺之“体物精微”“传神”的妙技；这也反映了我国绘画技法在当时的新发展和顾恺之的独特造诣。

《列女仁智图》根据汉代刘向所作《列女传》的内容，选择了其中一部分人物故事作为绘画的题材。从画后面的跋文可以知道这一长卷画的内容原有十五节，一共四十九人。现在仅存完整的八节，残缺的三节，共二十八人。这画虽是后代的摹本，主题思想从表面看来好像也是为封建礼教服务，和《女史箴图》是一类，但具体内容却很值得注意。

刘向所作《列女传》的内容很广泛，分为母仪、贤明、仁智、贞顺、节义、辩通、孽嬖等七类，而这幅画只选用了“仁智”这一类的妇女作为题材。这些妇女像许穆夫人，当齐国和许国的使臣都来向她的父亲卫懿公请婚时，她自己表示愿意嫁到齐国，因为齐是大国，可以作为卫国的依靠。但她的父亲不听，把她嫁到了许国。后来卫国有了危难，果然不能得到许国的援助。曹国僖负羁的妻子也很有眼光，看到流亡在曹国的晋国公子重耳，认为他将来一定很有作为，就请负羁赠送一些食物给他。后来重耳回国做了诸侯，讨伐曹国的时候，负羁得到了优待。再像楚国孙叔敖的母亲，当叔敖年少时看见一条两头蛇，就把它打死埋掉了，哭着来见母亲，可是母亲对叔敖说："因为你做的是一件好事，不但不会有灾难，还会得到长寿。"大约当时有一种迷信，以为看到两头蛇这种怪物是很大的凶兆，将会遇到灾难。叔敖在母亲这样的教育下，后来做了楚国的宰相。漆室女是春秋时期鲁国的一个女子，她看到国君年老，太子年幼，预料别的国家将趁机入侵，因而对国事深感忧虑。画里描写的一些其他妇女也都是一些比较有远见、关心国家大事的人物。

《列女仁智图》中人物的神态风度，也表现得很好。

许穆夫人通过她母亲向顽固的卫懿公陈述自己的意见时，表现了一种焦急而又含羞的神态。孙叔敖母亲慈爱而善良的性格，漆室女倚柱而立，深谋远虑、胸有成竹的表情，都刻画得很鲜明。这些女主角的面型并没有多大不同，只是通过眉、眼、嘴的微妙差别，就表现出了复杂的性格特征。证明“有一毫小失，则神气与之俱变矣”的道理确实十分重要。

这幅画的笔法和《女史箴图》是一类的，但比较粗壮、刚劲一些，“晕染法”的采用很突出。所谓“晕染法”是沿着线纹用墨或其他色彩敷染一道，再把它愈来愈淡地晕开。这样可以加强对象的体积感和衣服重叠层次的特征。这种技法在印度佛教绘画上应用得较为普遍。《列女仁智图》既采用了这种技法，又保持了重视笔法、以线造型的传统，可见顾恺之一方面继承了传统，同时又吸收了外来的东西，从而丰富、发展了传统技法。

《洛神赋图》[1]更值得研究。它是以魏的大诗人曹植的《洛神赋》为题材的。曹植和他的哥哥曹丕跟着曹操大破河北袁绍的时候，得到甄氏。甄氏很美，兄弟两人都爱上了她，可是曹操决定把她许配给曹丕。后来曹丕做了皇帝，甄氏就做了皇后。但不久因为有人说甄后的坏话，甄后就被冤屈而死去。有一天曹植到京城来见曹丕，曹丕就把甄后遗留下来的一个做得很精致的叫

“玉带金镂枕”的枕头送给他。曹植看到枕头，心里当然很难过。当他返回自己封地的途中，经过洛水时，更有所感触，因而激起了他长期以来被抑制着的怀恋之情。但曹丕是皇帝，曹植有了这样的感情在当时也不便明说，于是假托梦见洛水的女神来抒发自己的情怀，写了这一篇《洛神赋》[②]。这篇赋文笔优美，极为动人，表现了丰富的想象和眷恋的思绪。把这篇赋作为绘画的题材，至少说明了两个问题：第一，反映了当时文艺创作上重视表现感情生活的倾向，并带有较浓厚的浪漫主义色彩；第二，绘画和文学达到紧密而自然的结合，图卷虽完全依照文学作品的内容逐节描绘，却能够充分发挥绘画艺术的特长，巧妙地把诗人的幻想，从造型艺术角度加以形象化，使作品具有独特的魅力，而不再是文学作品的注解。

《洛神赋》的情节大致可以分为几段。开头是描写曹植自己离开京城以后，跋涉了许多山川，在黄昏的时候，停歇在洛水边上，恍惚中看到了美丽的洛神。下一段是形容洛神的美貌和风采，以及她和曹植若即若离的关系。第三段描写了他们的接近，互相赠送礼物，并驾云车、轻舟偕游，畅叙衷情和遗恨。最后是曹植带着无穷的依恋和怅惘，天明重新上路。画卷根据赋的内容，从曹植初见洛神起，以一系列鲜明的形象，展开了一幅极尽奇丽多姿的图画。画面的洛神重复出现多次，或在水面凌波回顾，或在云间遨游，或单独行动，或和曹植在一起。一些形容洛神的美丽和风度的比喻，以及用作陪衬的其他神话人物，都被形象化了。例如在天空有高飞的鸿雁和腾空而起的游龙[③]，形容洛神体态的袅娜；又有云中的明月，太阳初升时的朝霞，水面的荷花来比喻洛神明丽的丰采[④]。还有风神屏翳在收风，水神川后在使波浪平静，冯夷在打鼓，女娲在唱歌，好像说明这些神灵也都同情曹植和甄氏的恋爱，加强了梦境的浪漫气氛。卷末描写回到岸上的曹植，坐在洛水岸边，怅然若失。天已亮了，他坐上车，返回自己的封地，一路上还是回头怅望，表现出无限依恋的神情。

背景有山水树石，表现了人物活动和环境的关系。但有些地方画得人比山还要高，水的波纹也不大合理，好像难于行船。后世的评论家大多认为这是山水画发展初期的必然现象。我国古代的绘画本以描绘人物故事为主，山水树石起初只是作为人物画的背景来表现的。从顾恺之的《画云台山记》已可以想象当时山水画的初步成就，到了隋、唐时期，我国的山水画才得到进一步发展。但我们如果结合画的主题来研究一下，这种表现手法，反更衬托出“神光离合，乍阴乍阳”的梦境；这样离奇的背景更加强了迷离恍惚的情调，所以也可能是画家有意这样表现的。

画中人物风度和心理的刻画都很动人。洛神衣带飘飘，动态委婉从容，目光凝注，表现了又关切、又迟疑的神情，正像文章中所描写的洛神忽含情相接，忽飘然而去，使人感到既是人又是神，既是真又是梦。男主角曹植在画面中的形象具有贵族诗人的风度，同时也表现了他那依恋和怅惘的精神状态。这说明画家善于揭示人物的内心世界，能够把《洛神赋》中所表现的深挚动人的情感用具体的形象再现出来。画的设色妍丽明快，也很富于诗意的美。

这幅画是绘画和文学作品——诗和画相结合的早期杰出范例。它和《洛神赋》这篇文章互相媲美，并在不同的艺术形式上发挥了各自的特长，说明了这一时期绘画上的新发展。

故宫博物院还藏有顾恺之的《斫[5]琴图》的摹本，是描绘制琴过程的一个图卷。这图卷也是从宋代以来就见于文献记录的。从这幅画，可以看出作者是首先对生活进行了细致观察和体验，然后才开始创作的，所以能表现得生动入微。正因为他对生活观察得细致和广泛，所以他的画题是比较丰富的，内容是比较真实的。

注释：

①《洛神赋图》宋摹本共有四卷。故宫博物院二卷，辽宁省博物馆一卷，另一残卷在美国。

②据传这篇赋原来题名《感甄赋》，后来被魏明帝曹叡改名为《洛神赋》。

③原句是："翩若惊鸿、婉若游龙。"

④原句是："髣髴兮若轻云之蔽月……皎若太阳升朝霞……灼若芙蓉出绿波。"

⑤斫，砍削的意思。

六、对山水画的重要贡献

我国山水画的起源，根据现有的资料可以追溯到汉代。例如近年在四川出土的画像砖当中，有“耕种渔猎砖”“盐井狩猎砖”“桐树砖”“采莲砖”等，背景的山水树木部分都占着相当重要的地位，也描绘得很生动，特别是采莲砖，水面浮着一大片荷叶、荷花，一只小船载着采莲人在花间行进，简直是一幅绝妙的风景画。这说明汉代的民间画工，对劳动人民自己生活和劳动的自然环境，具有深刻的感受和热爱，并能够把它表现得很动人。

到魏晋时期，山水画开始发展，一方面表现在某一些人物画上加强了背景部分的描绘，一方面独立的山水画渐渐兴起。根据早期的文献记载，在顾恺之以前及与他同时的不少画家，曾画过这样一些作品：魏曹髦《黄河流势图》、东晋司马绍《轻舟迅迈图》、东晋夏侯瞻《吴山图》、东晋戴逵《吴中溪山邑居图》、东晋戴勃《九州名山图》等。

这些画目前都已不存在，但从画题看，可以肯定是属于纯粹山水画的范围，证明了当时山水画已有一定程度的发展，只是可供研究的资料仅有《洛神赋图》和《女史箴图》中一段背景描写。在这段背景部分里，画了一座雄伟的山峰，山上有小树丛和白云缭绕。在敦煌北魏时期的洞窟里面，一些《佛本生故事》[1]的壁画上也画了山水背景，但时代要稍晚一些。

这些作为人物画背景的山水部分，可以帮助我们了解一些当时山水画的面貌和技法特点，可是并不能代表当时山水画的全部特色和艺术水平。因为它主要是为了配合人物画主题的需要，或者仅仅是片段的描绘，不能发挥山水画本身的许多特色和要求。因此顾恺之所写的《画云台山记》这一篇文章，就具有更重要的意义，它可以帮助我们了解当时山水画在技法和理论两方面所注意的问题和已达到的成就。

《画云台山记》的内容虽也叙述了画中人物张天师和他的弟子们的活动，但画的主题是表现云台山的幽奇景色。这篇设计方案的大意是：一开始就强调要画出晴朗的天气特征。山有迎光的正面，背面要画出阴影。画山要从东边开始，向西蜿蜒发展，要注意其远近关系，并愈来愈高。在半山腰有一些紫色的石块，到高处要陡直而上环抱着主峰；下面的一些小山冈要重叠有蓬蓬勃勃的气象。又一座石峰，对峙着更险峭的山峰和悬崖，下面是深涧，要画出“险绝之势”。到这儿才谈到有张天师坐在这高崖上面，以及和弟子们的活动情况。并指出因为“山高而人远”，衣服的色彩要画得很鲜丽。到中段要画出高峰嵯峨，上面植有孤松，并且由两方面相距很近的绝壁形成深涧，表现出“凄怆澄清”的气氛。在第二个峰顶有紫石耸立，并有路通到西边的云台。左石阙的山峰下部，是空空的岩洞，西边又看到泉水，还有浅水的沙滩，汇合在一个深渊。所以把流水画得从东西两面下来，是为了要把它们结合得更自然。到这儿着重说明对云台附近的景物描绘，还要有狐狸、凤凰、白虎等做点缀。山势渐渐下降而结束画面。最后又指出全画共分三段，山虽然画得相当长，但要使人感到很紧凑。涧水里要有景物的倒影，山下要有清淡的云气，使远近的山明显分出层次。

从这篇文章里我们可以看出设计是很细致的，对自然现象的观察和理解也有一定的深度。特别是重视创造境界、气氛，苦心经营位置等，是我国山水画最突出的要素。也说明在顾恺之的时代，就已经明确认识山水画绝不是对自然景物的简单记录。所以不仅中国山水画发展和成熟的时期比西方要早一千多年[②]，在创作思想上也成熟得更早、更丰富。

《画云台山记》还不是很有系统的山水画理论，但它已为这一方面系统理论的建立开辟了道路，提出了最主要的东西，画出了全面的轮廓。以后像南朝的宗炳、王微，五代的荆浩，宋代的郭熙等，都是在这一基础上，做了各方面的更深入的补充和发挥，对历代山水画的创作实践起着重要的指导作用。

注释：

①就是佛前身的故事。

②西方的风景画在十五六世纪文艺复兴时期开始发展，到17世纪的荷兰画派，才有显著的成就。

出版说明

“新编历史小丛书”承自20世纪60年代吴晗策划的“中国历史小丛书”，其中不少名家名作已经是垂之经典的作品，一些措辞亦有写作伊初的时代特征。为了保持其原有版本风貌，再版过程中不做现代汉语的规范化统一，读者阅读时亦可从中体会到语言变化的规律。

“新编历史小丛书”编委会

图书在版编目（CIP）数据

顾恺之 / 张安治著. -- 贵阳：贵州人民出版社，2023.12
（新编历史小丛书. 人物）
ISBN 978-7-221-18079-7

Ⅰ. ①顾… Ⅱ. ①张… Ⅲ. ①顾恺之（约345–约409）– 生平事迹 Ⅳ. ①K825.72

中国国家版本馆CIP数据核字(2023)第211122号

新编历史小丛书 · 人物
顾恺之
GU KAIZHI
张安治 ◎著

出 版 人　朱文迅
责任编辑　陈珊珊
装帧设计　陈　电
责任印制　蔡继磊

出版发行　北京出版集团　文津出版社
　　　　　贵州出版集团　贵州人民出版社
地　　址　贵阳市观山湖区中天会展城会展东路SOHO公寓A座
印　　刷　贵州新华印务有限责任公司
版　　次　2024年2月第1版
印　　次　2024年2月第1次印刷
开　　本　880 mm × 1230 mm　1/32
印　　张　2.5
字　　数　20千字
书　　号　ISBN 978-7-221-18079-7
定　　价　18.00元